DOMINANDO A ARTE DE CONTAR HISTÓRIAS

Como atrair a atenção e comunicar eficazmente com qualquer audiência

50MINUTES.com

DOMINANDO A ARTE DE CONTAR HISTÓRIAS

Como atrair a atenção e comunicar eficazmente com qualquer audiência

escrito por Nicolas Martin
traduzido por Alva Silva

50MINUTES.com

DOMINANDO A ARTE DE CONTAR HISTÓRIAS — 4

O ABC DOS CONTADORES DE HISTÓRIAS DE SUCESSO — 7

Contar histórias: *o que é isso*? — 7
Tipologias — 9
Áreas de aplicação — 10
O essencial da narração de histórias — 15
Revisões abrangentes — 22
Divulgação de contos — 23

DICAS DE TOPO — 26

FAQ — 28

Para que serve a narração de histórias? — 28
Quais são as utilizações da narração de histórias nos negócios? — 28
Como se constrói uma história? — 29
Quais são os riscos a considerar quando se olha para a narração de histórias? — 30
O que torna a narração de histórias eficaz? — 30
Onde encontrar inspiração para contar histórias? — 31

PARA IR MAIS LONGE — 33

Fontes Bibliográficas — 33

DOMINANDO A ARTE DE CONTAR HISTÓRIAS

- **Qual é o problema?** Como podemos utilizar eficazmente a narração de histórias, esta técnica de narração na moda?
- **Porque é útil?** A narração de histórias está presente em todos os campos. É, portanto, essencial compreender o básico e dominar os mecanismos para o utilizar sabiamente.
- **Contexto profissional?** Procura de emprego, apresentação de um projeto, comunicação da empresa, marketing de um produto ou serviço.
- **FAQ?**
    - Para que serve a narração de histórias?
    - Quais são as utilizações da narração de histórias nos negócios?
    - Como se constrói uma história?
    - Quais são os riscos a considerar quando se olha para a narração de histórias?
    - O que torna a narração de histórias eficaz?
    - Onde encontrar inspiração para contar histórias?

> *"Contar histórias é a gramática da comunicação".*
>
> Sébastien Durand

A narração de histórias está longe de ser uma técnica de comunicação nascida nos últimos anos, na nossa "era digital". Esta "arte de conceber e contar histórias" já existia na Grécia antiga, na época de Homero (VIIIe século a.C.). Como indivíduos, somos e sempre fomos mais sensíveis à informação quando esta é apresentada através de uma história.

Porquê? Principalmente porque uma história apela às emoções e toca as pessoas de uma forma muito mais pessoal do que qualquer outra forma de mensagem.

O que poderia ser mais eficaz do que dar a uma história algum carácter e personalidade para manter um momento de atenção num ambiente hiper-comunicativo? Porque no meio desta sobrecarga de informação, pode ser difícil, por um lado, encontrar a informação que procura; e por outro, e acima de tudo, comunicar eficazmente para que a sua mensagem tenha uma oportunidade de ser ouvida.

A utilização da narração de histórias pode, portanto, fazer uma diferença substancial, tanto pessoal como profissionalmente, desde que domine os princípios-chave. É um equilíbrio delicado entre personalizar e banalizar a sua mensagem, entre um método a ser aplicado e uma 'marca' a ser desenvolvida. Mas acima de tudo, é um processo criativo, intelectual, cheio de significado tanto para si como para o seu alvo, e a importância das emoções geradas pela sua mensagem nunca deve ser negligenciada. Quer esteja à procura de um emprego, a apresentar um projeto de que é responsável ou a desenvolver uma nova comunicação interna, não conte histórias a si próprio, o seu domínio da narração de histórias fá-lo-á por si!

O ABC DOS CONTADORES DE HISTÓRIAS DE SUCESSO

CONTAR HISTÓRIAS: *O QUE É ISSO?*

Usado desde o início dos tempos, nascido com a própria humanidade, o contador de histórias como o conhecemos hoje, no entanto, desenvolveu-se em meados dos anos noventa nos Estados Unidos. O autor dos contos modernos é Steve Denning (nascido em 1944), um especialista em comunicação e especialista no assunto, que reescreveu a sua própria história, para não dizer a sua própria lenda, a "História da Zâmbia":

> *"Em 1996, após uma carreira de sucesso no Banco Mundial, fui nomeado para o cargo de Diretor do Programa de Gestão do Conhecimento. Tentei convencer os gestores do Banco Mundial da importância da Gestão do Conhecimento, mas os meus colegas e gestores eram surdos aos meus argumentos. Tentei convencer os gestores do Banco Mundial da importância da Gestão do Conhecimento, mas os meus colegas e gestores não me ouviram. Assim, depois de tentar tudo, acabei, um pouco desesperado, por usar a história de um trabalhador na área da saúde na Zâmbia que encontrou respostas às suas perguntas sobre o tratamento da malária no website dos Centros de Controlo e Prevenção*

> de Doenças (CDC) do Departamento de Saúde dos EUA: foi usando esta anedota que consegui mostrar a importância do programa de Gestão do Conhecimento e o papel que o Banco Mundial poderia desempenhar nesta área!"

Ele argumenta que nas nossas sociedades modernas, a comunicação clássica atingiu os seus limites, o que explica a total indiferença do público pela maioria das mensagens vistas e recebidas todos os dias. Especificamente, Denning critica a trilogia tradicional do discurso persuasivo:

- declaração do problema;
- análise do problema;
- recomendação de uma solução apropriada.

Apresenta agora uma trilogia de comunicação que está mais de acordo com a forma atual de ver as coisas, e que se baseia na narração de histórias. Isto é baseado nos seguintes elementos:

- captar a atenção do alvo;
- encorajar a mudança;
- convencê-la através da utilização de argumentos fundamentados.

O termo "contar histórias" tornou-se agora estabelecido, não só no mundo da gestão, mas também na política e em muitos outros campos. Contar uma história envolve a criação ou recriação de uma história baseada em eventos e ações fictícios ou reais. Não importa a forma que a história assuma, desde que se baseie na realidade ou na realidade adaptada.

O principal objetivo da narração de histórias é, portanto, transmitir, seduzir e persuadir através de uma comunicação que concilie informação e emoção, razão e paixão. Nesta abordagem, o desejo de dar sentido à ligação que será criada com o destinatário da mensagem, bem como o desejo de participar nesta "bela história", são essenciais. Afinal, o que é mais importante na comunicação, seja a nível profissional ou pessoal, do que conseguir tocar a pessoa com quem se está a comunicar para que ela conserve a mensagem sem muito esforço?

TIPOLOGIAS

Contar histórias é uma técnica de comunicação que é ainda mais eficaz porque joga com as emoções. Contudo, para criar e implementar uma narrativa, é necessário ter em conta o seu campo de aplicação. Embora existam elementos essenciais em qualquer história, alguns sectores, tais como o empresarial, têm requisitos diferentes.

Apesar da aparente diversidade das histórias que as empresas estão constantemente a pôr em cena, Sébastien Durand, um consultor líder em comunicação e narração de histórias, agrupou-as em sete tipologias distintas, que são apresentadas sob a forma de um calendário semanal.

Estes sete tipos de histórias representam apenas um "quadro narrativo", ou seja, uma base, um ponto de partida para a construção de uma narrativa sobre uma empresa. Uma vez determinada a tipologia a que pertence, o modelo narrativo torna-se mais óbvio e os elementos que compõem a história, tais como o herói, os obstáculos e as soluções, são mais fáceis de colocar numa narrativa coerente e, portanto, eficaz.

Continua a ser criativo!

Embora estas sete tipologias possam ajudá-lo a começar a contar a sua história, é importante não ficar preso a estes quadros narrativos. São apenas diretrizes e de forma alguma regras obrigatórias no sector empresarial. A todo o custo, mantenha a dimensão criativa, que é uma grande força da narração de histórias!

ÁREAS DE APLICAÇÃO

Fora do mundo empresarial, a narração de histórias como técnica de comunicação é utilizada em muitos outros sectores.

Comunicação

A comunicação é a ação de divulgação de uma mensagem. Como a narração de histórias é uma técnica de comunicação, é óbvio que este assunto é o primeiro em causa. Vale a pena recordar a natureza transversal da comunicação, que obviamente se encontra em todos os outros campos mencionados abaixo, bem como a sua adaptação a todo o tipo de situações específicas que exigirão técnicas diferentes. Alguns exemplos:

- comunicação institucional;
- comunicação interna;
- comunicação externa;
- comunicação de crise;
- comunicação estratégica;
- comunicação política;
- comunicação empresarial;
- comunicação internacional;
- comunicação cultural.

👁 Pequenos esclarecimentos

É necessário considerar todas estas áreas interligadas. Por exemplo, é bastante possível implementar a narração de histórias no contexto da comunicação de crises para uma empresa internacional. Três sub-áreas com as suas próprias necessidades são aqui reunidas, razão pela qual é importante estar ciente de todos os parâmetros que precisam de ser tomados em consideração.

Uma vez que a sua ambição é ir além da retórica descritiva e linear, a narração de histórias rompe com a comunicação tradicional, que se baseia em elementos externos, objetivos e aprendidos. Atrai a mente de cada pessoa para situações que ligam o imaginário ao vivido, o particular ao global, o inconsciente pessoal ao inconsciente coletivo. A narrativa apela, portanto, à subjetividade dos interlocutores com base na subjetividade do orador: as mensagens são concebidas em torno deste princípio fundamental. É agora uma questão de cumprir uma função relacional e não tentar apenas influenciar o comportamento.

Marketing

Tal como a comunicação, o marketing é um ramo relativamente transversal que se encontra nas empresas, bem como nas instituições. A narração de histórias diversifica e sobretudo atualiza as abordagens e ferramentas tradicionalmente utilizadas neste sector.

A vida das organizações

As empresas são as que mais dependem da narração de histórias, seja para vender um novo produto ou serviço, para comunicar novos valores ou ao nível da gestão interna. A narrativa utilizada pelas empresas visa estabelecer uma nova relação, partilhar uma história com o cliente, e não apenas provocar a compra de um produto ou de um serviço.

Gestão e recursos humanos

Estas duas especialidades desenvolvem uma relação especial com a narração de histórias, o que lhes permite destacar o elemento humano. No caso da gestão, provoca interesse e solidariedade entre as equipas em volta de questões ou projetos, e no caso dos recursos humanos, envolve mais os funcionários na empresa e na sua história.

 Ponto candidato

A nível pessoal, no contexto de uma procura de emprego, pode ser interessante reunir judiciosamente uma história sobre a carreira profissional, a fim de dar uma imagem mais forte durante uma entrevista. Este processo requer uma reflexão demorada. É de facto necessário encontrar ligações entre a sua educação, as suas atividades e a sua experiência profissional, e mostrar a coerência entre todos estes elementos através de uma história na qual é o protagonista. Esta história será baseada em factos concretos, mas será o fio condutor e a forma como apresentará a sua carreira que será importante. Também pode publicar esta narração na secção "Resumo" da sua conta no LinkedIn para lhe dar a máxima visibilidade possível.

A política

As narrativas políticas são bastante comuns, mas também bastante controversas. Embora possa ser utilizado para promover as dimensões humanas e simbólicas de uma sociedade, é frequentemente utilizado para fins manipulativos com intenções menos virtuosas. Quando usado sabiamente, com base numa experiência comum, pode criar uma relação, ou mesmo uma certa confiança, que é conducente à elaboração de uma aventura coletiva. Isto, por sua vez, pode revitalizar o campo político, que está geralmente manchado de imagens negativas, e dar nova vida à cidadania e à expressão da democracia.

E muitos outros...

Naturalmente, a narração de histórias é também utilizada noutros campos, tais como a economia, a medicina, a psicologia, o jornalismo, a pedagogia e até mesmo as ciências sociais. Porque cria uma nova dinâmica, é e continuará a ser utilizada em muitos campos, ainda mais nesta nova era digital, quando a quantidade de informação divulgada está sempre a aumentar.

Finalmente, deve ter-se em conta que todos estes campos de aplicação da narrativa envolvem diferentes alvos – clientes, empregados, recrutadores, eleitores, etc. - que devem ser tidos em conta na construção de uma história. Estas são as pessoas que irão receber as suas mensagens, e são elas que serão o foco da sua narração, e é com as suas emoções que a sua história será interpretada.

O ESSENCIAL DA NARRAÇÃO DE HISTÓRIAS

Todos contam histórias, intencionalmente ou não. É, portanto, útil que todos possam identificar certos elementos essenciais a qualquer história, qualquer que seja o campo ou objetivo considerado. São estes elementos que tornam esta técnica de comunicação eficaz e que permitem criar uma relação diferente com o destinatário da mensagem.

Pré-requisito

Comece, logicamente, por definir o objetivo da sua narração, o "porquê de eu a estar a contar".

No caso de uma empresa, por exemplo, será necessário fazer um balanço da razão de ser da empresa, ou seja, o que ela traz à sociedade em geral e como satisfaz as expectativas dos seus clientes. Para o fazer, é necessário conhecer bem o seu grupo-alvo. Isto facilitar-lhe-á a identificação da imagem que deseja transmitir, tal como a de uma empresa que é especialista na sua área, ou que é próxima de pessoas, divertida, moderna, etc. A partir daí, enumere os elementos que poderiam ser transformados numa história, tais como a génese da marca, o seu lado inovador, o(s) local(is) de produção, a figura mítica do fundador, etc.

Pode agora estabelecer um objetivo claro para a sua abordagem, seja para contar a história da sua marca, modernizar a imagem de uma empresa histórica, dar vida aos seus produtos, melhorar a experiência da marca para os clientes, mostrar que está lá e manter a sua presença viva a longo prazo, etc.

Construção inicial da história

Passemos à construção da própria história. Para começar, qualquer história necessita normalmente dos sete elementos seguintes:

- uma ou mais personagens, idealmente apenas um protagonista para facilitar a construção da sua história;
- um ou mais locais;
- uma temporalidade, contínua ou não (salta para o futuro e/ou volta para o passado);
- uma parcela;
- o ponto de vista de um narrador (personagem ou voz externa);
- um tom narrativo específico (formal, informal, humorístico, paródico, etc.);
- um tópico ou tema que reflita o objetivo da sua narração, definido no ponto anterior.

👁 O TEMA DA HISTÓRIA

Uma boa maneira de produzir uma história original e memorável é deixar a personagem definir-se a si própria e a direção da história através das decisões que toma e das ações que faz. Em suma, tenha sempre em mente o propósito da sua história – o "porquê de eu a contar" – enquanto deixa a mensagem formar-se através da sua criatividade à medida que a história avança. É importante não ficar preso a um tema específico: poderá não ser capaz de explorar devidamente os outros elementos e acabar com uma narrativa estéril. Com este método, o tema parece fluir naturalmente dos outros seis elementos.

Nesta fase, é uma questão de colocar estes elementos separadamente, sem lhes acrescentar conteúdo. Por exemplo, determina-se quem é a personagem, mas ainda não se pensa no seu carácter ou comportamento.

Além disso, existem três tipos de histórias:

- histórias baseadas em experiências pessoais;
- histórias tradicionais (que terão obviamente de ser retrabalhadas);
- inventou histórias, muitas vezes uma combinação de vários elementos da experiência pessoal.

Depois de ter determinado a natureza da sua história e os seus elementos básicos, está pronto para continuar a construir a sua história contada com mais detalhe e criatividade.

Desenvolvimento da história

Existem vários passos a considerar para avançar com a construção e montagem da sua história através do trabalho sobre o seu conteúdo.

- Passo 1: Determinar a busca. Esta é a busca que irá captar a atenção do seu público-alvo. A sua busca será definida em parte pela parcela e pela tipologia que escolheu. Por exemplo, pode utilizar a tipologia de terça ou sábado, para que possa definir uma busca que se concentre na aquisição de algo ou na libertação dos sentidos e na superação de certos limites.

- Passo 2: Caracterizar o(s) protagonista(s). É aqui que dá vida ao(s) seu(s) personagem(ns). Se decidiu que a sua história terá mais do que um herói, certifique-se de que cada um tem uma personalidade, comportamento ou característica física que o distingue dos outros. Note que um protagonista também pode ser uma coisa personificada, tal como a sua carreira, se estiver a utilizar a narrativa a nível pessoal, ou um valor, um estado, uma regra, etc.

- Passo 3: Defina o antagonista, ou seja, o elemento que vai causar os seus problemas de carácter. Este pode ser outro personagem, uma situação, um objeto, um valor, uma necessidade, etc. Existem muitos elementos que se podem opor à personagem, elementos que talvez já tenha em mente. Tire tempo para trabalhar no seu antagonista, porque sem ele, a história, desprovida de obstáculos, já não tem muito interesse.

- Passo 4: Criar os eventos, que se seguem logicamente do antagonista definido acima. O personagem principal experimenta vários acontecimentos que levam a sentimentos diferentes (felicidade, tristeza, ansiedade, etc.), mas que não o impedem de seguir em frente.

- Passo 5: Resolver a crise e completar a busca. Quando a tensão está no seu auge, é essencial que algo desfaça o nó que se desenvolveu no decorrer da história. É claro que este elemento não deve aparecer de repente do nada. Consistência é a chave! Além disso, a história não pode terminar mal, uma vez que o objetivo de contar histórias é difundir conteúdos positivos sobre si ou sobre a sua organização.

- Passo 6: Relançar a história. Este passo é realmente único para contar histórias. Enquanto que as histórias em filmes ou livros podem terminar no passo 5, a sua história não deve terminar com a conclusão da busca. Os narradores da sua história, o seu público-alvo, devem ser capazes de a tirar e de a divulgar a outros. Uma boa história é aquela que as pessoas querem contar a si próprias.

- Passo 7: Trazê-lo de volta à realidade. Finalmente, é importante ligar a história à pessoa que a contou, isto é, um político, uma associação, uma marca, um indivíduo, etc. Sem esta associação, é provável que a sua história seja esquecida, apesar do impacto que teve nos seus narradores. Sem esta associação, é provável que a sua história seja rapidamente esquecida, apesar do impacto que teve nos seus narradores.

Agora tem a estrutura da sua história pronta, e deverá facilitar a construção e montagem dos vários elementos. Está um passo mais próximo do seu objetivo. Contudo, alguns "ingredientes" ainda são importantes para que a sua narração seja bem-sucedida.

Deve ter

A narrativa, para ser mais do que uma mera narrativa, precisa de alguns ingredientes extra. Aqui estão quatro elementos que devem ser incluídos na sua narração:

- um começo cativante. A forma como se começa uma história, tal como a forma como se termina, é crucial para uma narração eficaz da história. Existem muitas maneiras de começar a sua história, incluindo o tradicional "Era uma vez…". Esta é sem dúvida uma forma muito tentadora de começar, mas tenha cuidado para não a utilizar em excesso. Contudo, não deve ser proibido e pode mesmo ser original quando utilizado num contexto que não seja o de contar histórias, por exemplo, numa história de gestão. Para além desta famosa fórmula, pode também começar a sua história com "Imagine…", "Esta é a paixão que me move…", "Lembro-me…", "Um dia…", "Eu sempre…", "Que nunca…", etc. Cabe-lhe a si ser original;

 DICA DE PREPARAÇÃO

Trabalhe primeiro na maior parte das suas narrações para que não fique preso a este gancho. Uma vez que tenha determinado a essência da sua história, será mais fácil encontrar uma abertura cativante e testar várias possibilidades baseadas na sua história.

- emoções. Contar histórias é tudo sobre emoção. É subjetivo, afetivo, sensações. Isto é o que a torna fundamentalmente diferente da chamada comunicação clássica. Uma mensagem é eficaz na medida em que é credível e na medida em que o público a que se dirige está pronto a dar-lhe essa credibilidade. E é através das emoções que ela suscita que esta credibilidade será concedida. Por isso, mantenha o seu público-alvo no centro da construção da sua história. As suas mentes são a tela sobre a qual irá pintar a sua história; pergunte a si próprio em qualquer altura quais seriam as suas reações. Tenha cuidado, porém, em não confiar apenas nas emoções, caso contrário, a sua história perderá a sua eficácia. É tudo uma questão de dosagem, como é frequentemente o caso;

- paixão. Isto deve ser entendido como a "energia" essencial para uma boa narração da história. E a paixão de que precisa de falar não é tanto a sua (empresa, política, você mesmo), mas a do seu alvo. Uma vez que é o seu público que receberá a história, deve transmitir a sua paixão (por um sector de atividade, um produto, um serviço, um valor, etc.) de uma forma subtil e inteligente, para que a possam reconhecer. Muitas vezes é apenas um instrumento para lhes dar vida a esta paixão;

 Ponto candidato

Escusado será dizer que a narração de histórias utilizadas para fins pessoais, para encenar uma viagem, tem menos espaço de manobra. Este aspeto apaixonado ou enérgico será, portanto, mais difícil de realçar, mas não é impossível. Por exemplo, pode jogar com a paixão do seu recrutador (e, portanto, da empresa) por perfis como o seu, por uma competência que a empresa valoriza particularmente ou por um know-how que só a empresa é capaz de gerir.

- imagens, representações. Os narradores precisam de ser visualmente estimulados. Eles precisam de ser capazes de imaginar a história, de visualizá-la à medida que se desenrola. Como podemos provocar estas representações visuais? Com detalhes que lhes são familiares, que lhes falam, que evocam situações ou sensações que já experimentaram. Disparar estas imagens nas suas cabeças é essencial; a sua imaginação fará o resto.

REVISÕES ABRANGENTES

A sua narração está pronta. Tudo o que resta agora é analisar os detalhes e responder a algumas perguntas finais antes de lançar na emissão.

- A sua narrativa é clara? Não só para os seus destinatários, mas igualmente para si? Porque, se o objetivo da sua história é torná-la sua, é essencial que a faça sua primeiro. Contar uma história não é assim tão difícil; mas conseguir dar-lhe vida e credibilidade é uma história completamente diferente! Por isso, é preciso dominar tudo e lidar com isto com flexibilidade incondicional.

- As suas narrativas servem para alguma coisa? Ao estar imerso na construção da história, pode perder de vista o objetivo final que está a tentar alcançar através desta técnica. O que pretende alcançar através deste tipo de comunicação?

- As suas narrativas colocam o seu público no centro da história? Faça a si mesmo esta pergunta porque se a resposta for não, está a dirigir-se para o desastre. Especialmente se você (empresa, organização, política, produto, etc.) for o principal protagonista da história. Não é por sua causa, mas porque a história é sobre eles que os seus narradores serão capazes de se identificar com ela.

- A sua narrativa é apropriada para o seu público-alvo? Quer seja o estilo, a natureza da história, os eventos ou a personagem, estes elementos devem ser familiares ao seu público-alvo. Parece essencial que tenha uma boa compreensão de quem é o seu público e quais são as suas preocupações. Se verificar que a resposta a esta pergunta contém áreas cinzentas, tome o tempo necessário para analisar novamente a pergunta e rever toda a sua narração com base neste vetor.

- As suas narrativas fazem com que outras pessoas a queiram ouvir? Se assim for, a sua narrativa é eficaz. O objetivo final é que a sua história provoque uma reação do tipo "Tenho de partilhar isto com alguém…".

DIVULGAÇÃO DE CONTOS

Chegou a altura de contar a sua história e de a deixar espalhar. Também aqui, existem várias coisas a considerar.

O seu público-alvo determinará em grande parte os seus canais de distribuição, uma vez que pretende alcançá-los diretamente. Mas saiba que hoje em dia, as interligações entre todos os meios de comunicação são cada vez mais fortes. Assim, mais vale fazer uso disto e pensar diretamente em termos de "transmedia", ou seja, utilizar uma combinação de vários meios e desenvolver conteúdos diferentes em cada um deles para enriquecer a história, promovendo ao mesmo tempo capacidades de interação de acordo com as especificidades de cada meio.

Como resultado, terá de adaptar a sua narração a uma variedade de meios de comunicação para que seja adequada para os diferentes meios em que será transmitida. Tem várias escolhas, por exemplo, criar uma plataforma que centraliza e envia a história para todos os meios escolhidos ou utilizar vários meios sucessivamente para contar a história.

Exemplo de uma campanha transmedia: ONLYLYON

A cidade de Lyon embarcou num projeto transmedia storytelling, cujo objetivo é mostrar Lyon e a sua cozinha a partir de um novo ângulo. O personagem central aqui é um conceito, a Chef Factory. É uma escola misteriosa e prestigiosa que se diz ter formado os maiores chefs e está na origem de um bom número de segredos culinários franceses. O enredo baseia-se, portanto, em elementos reais, mas também em alguns factos fictícios.

Um sistema transmedia foi criado ao longo de vários anos, em diferentes meios de comunicação e em diferentes cidades, tanto em França como no estrangeiro. O conteúdo é distinto, dependendo dos meios de comunicação social. Existem:

- um filme para a televisão internacional, bem como para o web, disponível num site dedicado e em alguns blogs, para montar a história com informação de fundo;
- ações de *marketing de rua* em várias capitais estrangeiras (Bruxelas, Genebra, Nova Iorque, etc.), tais como provas, jogos ou concursos;
- uma página oficial da escola no Facebook para dar vida à história nas redes sociais, em particular através das contas sociais de certos estudantes e professores (Twitter, Tumblr, Instagram, etc.). Estes espaços de conversa têm como objetivo destacar as diferentes fases da campanha e estabelecer uma relação direta com os fãs da cozinha;
- para alimentar os contos básicos, através de um kit personalizado disponível para bloggers alimentares de diferentes países para que possam escrever uma anedota sobre o seu tempo na Chef Factory e assim contribuir para manter o mito;
- um grimoire, que é um elemento-chave do filme e da narrativa, que será exibido nos Halles de Lyon Paul Bocuse, um verdadeiro templo da gastronomia;
- alguns conteúdos reservados para os mais curiosos.

DICAS DE TOPO

- Contar uma história não conta a sua história, mas uma história para o servir. É, portanto, um instrumento. É "A" regra de ouro que tem de respeitar, aconteça o que acontecer.

- Na mesma linha, não fale de si, mas sim das pessoas com quem está a falar. São eles que vão levar a história, e é precisamente isto que torna a narração da história diferente de outras técnicas de comunicação. Envolvê-los o mais possível na história, porque é a interação entre o narrador e os narradores que faz com que a história ganhe vida.

- Agarre-lhes a atenção e surpreendê-los, de uma forma ponderada e razoável, é claro. Por exemplo, uma história terá mais impacto se estiver ligada a um momento chave para os seus destinatários: um evento atual, por exemplo. Quanto mais conseguir captar a sua atenção e surpreendê-los, mais aumenta as suas hipóteses de divulgar a sua história.

- Estimule a imaginação através de metáforas, analogias e outras ferramentas. As representações visuais devem ser solicitadas na medida do possível.

- Coloque a emoção no centro da sua narrativa, sem abandonar completamente uma parte da razão. A emoção é mais do que importante, é essencial, e é isto que faz a diferença na comunicação tradicional.

O destinatário da mensagem experimenta emoções que o guiarão de forma diferente.

- Adapte as suas narrações ao meio que escolher. Não hesite em explorar a sua diversidade, variando a duração e o formato da sua história. Isto irá dar-lhe ainda mais vida e poder.

- Não limite a sua criatividade. Se seguir alguns passos básicos com os ingredientes necessários, a criatividade conduzirá à originalidade da sua narração e assim garantirá o seu sucesso.

- Gaste o máximo de tempo possível na preparação, mas mais importante ainda na forma como a sua história será entregue. Terá de o repetir uma e outra vez para o tornar seu, para que o seu público-alvo o possa tornar seu.

- Mantenha-o simples, autêntico e livre para deixar os destinatários prosseguir a experiência com a sua imaginação. Por isso, não tente criar um zumbido ou fazer com que as pessoas falem de si em geral, ou falhará completamente o objetivo.

- Aceite que os destinatários se apoderem da sua narração, contradizê-la e tratá-la de forma diferente, mesmo que isso signifique reinterpretá-la. Não deve limitar a criatividade do seu público, tal como não deve limitar a sua própria criatividade. E quem sabe, provavelmente dar-lhe-ão algo em que se possa basear, criando um seguimento coerente. Isto assegurará que a sua narrativa irá durar no tempo e na mente das pessoas.

FAQ

PARA QUE SERVE A NARRAÇÃO DE HISTÓRIAS?

Existem diferentes tipos de histórias com diferentes intenções:

- fazer sentido;
- ganhar visibilidade;
- melhorar ou alterar a sua imagem;
- tranquilizar;
- vender;
- construir a lealdade.

Estas intenções variam, naturalmente, dependendo da área em que se utiliza a narração de histórias. É óbvio que as empresas irão muito frequentemente utilizá-lo para vender, mas não só. A nível pessoal, a intenção pode ser de dar sentido à própria viagem ou de se tranquilizar quanto à direção tomada.

QUAIS SÃO AS UTILIZAÇÕES DA NARRAÇÃO DE HISTÓRIAS NOS NEGÓCIOS?

Existem muitos usos da narração de histórias nos negócios, especialmente desde o advento do Web 2.0, e tendem a ser os únicos citados como exemplos, embora existam muitas outras áreas de aplicação desta técnica.

- As empresas utilizam extensivamente a narração de histórias para:
- vender os seus produtos ou serviços;
- comunicar a sua história, missão ou valores;
- melhorar a comunicação interna, especialmente através dos RH;
- revigorar o seu estilo de gestão.

COMO SE CONSTRÓI UMA HISTÓRIA?

Quando se tem um objetivo claro em mente, construir uma história não é tão difícil como possa parecer. É preciso ser um pouco criativo, mas sobretudo metódico e ter uma ideia clara da estrutura básica da história desde o início. Uma boa história pode ser resumida da seguinte forma: um protagonista, uma questão, um problema, a sua solução, os efeitos da solução e um apelo à ação.

Além disso, a boa narrativa permite ao narrador captar a atenção do público, partilhando uma busca com ele. O contador de histórias desdobra então a história, organizando o lugar do(s) protagonista(s), do(s) antagonista(s), dos acontecimentos e das suas soluções. Finalmente, a história deve concluir com uma lição que relance a história, e deve oferecer uma associação lógica com o narrador de modo a que o narrador esteja ligado à narração na mente do público.

QUAIS SÃO OS RISCOS A CONSIDERAR QUANDO SE OLHA PARA A NARRAÇÃO DE HISTÓRIAS?

O principal risco é contar uma história para contar uma história; por outras palavras, criar uma narrativa sem sentido e desinteressante tanto para si como para o seu público. É por isso essencial definir o objetivo da sua narração e ater-se a ela.

Além disso, existem duas razões principais pelas quais a narração de histórias falha:

- a história não é sobre os narradores, mas sobre o narrador;
- a história é baseada na lógica e não nas emoções.

É também comum para:

- É dada demasiada ênfase à transmissão da mensagem, o que leva a que o aspeto narrativo seja negligenciado;
- a ligação entre a história e a mensagem não é suficientemente clara;
- a dimensão emocional tem sido mal gerida, ou seja, não há emoção ou, pelo contrário, há demasiada.

O QUE TORNA A NARRAÇÃO DE HISTÓRIAS EFICAZ?

A eficácia de contar histórias em comparação com outras técnicas de comunicação reside na sua dimensão emocional e credibilidade. Os recetores sentir-se-ão mais ligados à história porque podem torná-la sua e aplicá-la ao seu próprio caso.

👁 O EXEMPLO DA BRITISH AIRWAYS ÍNDIA

Um exemplo muito revelador disto é a campanha da British Airways India intitulada *"A Ticket to Visit Mum"*. Neste vídeo, que dura pouco mais de cinco minutos, vemos uma mãe na Índia e o seu filho, que foi expatriado nos Estados Unidos durante vários anos. Cada um expressa os seus desejos: ver o seu filho novamente para o primeiro, ver o seu país de origem para o segundo, poder passar tempo juntos.

A companhia aérea, embora mencionada, não traz a história para casa. É apenas um elemento na história destas duas pessoas, aquele que constrói o enredo e permite a surpresa. Ao ver o vídeo, as pessoas que vivem ou viveram longe dos seus familiares não podem deixar de se imaginar no lugar dos dois protagonistas. Sentem novamente certas emoções e certamente quererão partilhar estes sentimentos com outros que os compreendam. A história é absolutamente credível, uma vez que permite a identificação, e também apela aos sentimentos do seu alvo. Muito mais eficaz do que "Viaje com a British Airways para celebrar a época festiva com a sua família"!

ONDE ENCONTRAR INSPIRAÇÃO PARA CONTAR HISTÓRIAS?

Tem medo de não ser suficientemente criativo ou de não estar suficientemente inspirado para começar uma história? Olhe dentro de si e à sua volta.

- Comece por fazer um inventário do que já tem em stock: os seus bens, as suas experiências e mesmo as suas deficiências. Podem ser um ponto de partida, se não para as suas narrativas, pelo menos para ativar a sua criatividade.

- Veja o que está a acontecer à sua volta e o que está a ser feito. Fique de olho nas coisas. É claro, não copie tudo o que encontrar, pois isto poderia ter o efeito oposto ao que pretende. Mas inspire-se no seu ambiente e no do destinatário da sua narração. Misture e combine o que vê, isto dar-lhe-á uma base e desencadeará o processo criativo.

PARA IR MAIS LONGE

FONTES BIBLIOGRÁFICAS

Certon (Noémie), "What makes storytelling effective?", em *Cellie.fr*, acedido em 26/03/2015.

http://www.cellie.fr/2013/03/20/storytelling-numerique--marque/

Dangel (Stéphane), *Storytelling Minute*, Paris, Eyrolles, 2014.

Denning (Steve), *The Springboard: How Storytelling Ignites Action in Knowledge-Era Organizations*, Hartlands, KMCI Press, 2000.

Durand (Sébastien), *Storytelling. Réenchantez votre communication*, Paris, Dunod, 2011.

Queremos ouvir você!
Deixe um comentário sobre a sua biblioteca online
e compartilhe os seus livros favoritos nas redes sociais!

50MINUTES.com

IMPROVE YOUR GENERAL KNOWLEDGE
IN THE BLINK OF AN EYE!

www.50minutes.com

A editora assegura a fiabilidade da informação publicada, a qual, no entanto, não poderia assumir a sua responsabilidade.

Mestre ISBN : 9782808661935
Papel ISBN : 9782808669351
Depósito legal: D/2023/12603/257

Desenho digital: Primento,
o parceiro digital dos editores.

Milton Keynes UK
Ingram Content Group UK Ltd.
UKHW010033090224
437518UK00012B/884